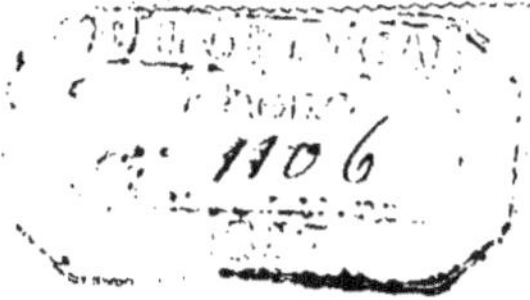

NOTICE

LOUIS DE VILLARS

ARCHEVÊQUE DE LYON

1301-1308.

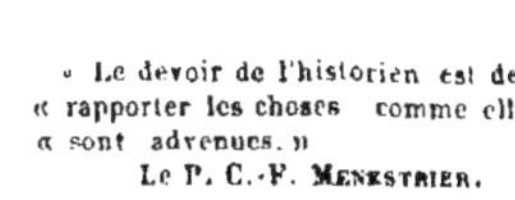

> « Le devoir de l'historien est de
> « rapporter les choses comme elle
> « sont advenues. »
> Le P. C.-F. Menestrier.

Né à Lyon vers le milieu du XIIIe siècle, Louis de Villars
dut le jour à Humbert IV, sire de Thoire et de Villars, seigneur de Montréal. Quant à sa mère, tout ce que nous en
apprend Guichenon (1), c'est qu'elle se nommait Marguerite
et mit au monde sept enfants. Louis était le second ; destiné
dès son bas-âge à l'état ecclésiastique, il fut reçu chanoine de
la primatiale de Lyon, en 1287, et nommé archidiacre au
mois de décembre de l'année suivante (2). En septembre 1301,
il fut élu par le Chapitre archevêque de Lyon, et succéda
dans cette haute dignité à Henry de Villars, son grand oncle,
décédé à Agnani (3), Le 18 juillet précédent (4). Son élection

(1) *Bresse*, 3ᵉ partie, p. 224 ; *Gallia Christ.*, IV, 154. — M. Morel de
Voleine donne pour femme à Humbert IV, Béatrix de Bourgogne. *Recueil
de documents pour servir à l'ancien gouvernement de Lyon*, p. 71.

(2) Louis de Villars remplaça dans cette dignité Pierre d'Aoust, mort le
19 juin 1287. Menestrier, *Hist. cons.*, p. 313.

(3) Agnani était alors le séjour de la Cour de Rome durant l'été. Plusieurs
cardinaux y possédaient de superbes palais. C'était la patrie de Boniface VIII.
Cette ville était, en ce temps-là, ce que Bayes avait été sous les empereurs
romains.

(4) Pendant la vacance du siége de Lyon, tous les prélats de France

ayant été confirmée par le pape, il fut sacré, l'année suivante, par Guillaume de Valence, archevêque de Vienne, et par Nicolas de Bar, évêque de Mâcon. Dès qu'il fut intronisé, marchant sur les traces de ses prédécesseurs, il intéressa Boniface VIII (1) dans ses querelles avec Philippe-le-Bel, au sujet de la souveraineté du comté de Lyon.

Il y avait alors procès au parlement de Paris, entre les citoyens de Lyon, d'une part, et l'archevêque et le Chapitre de l'autre. Un arrêt rendu en 1302, décida que les citoyens ne seraient soumis qu'à la cour de l'archevêque, et non à celle du Chapitre, et cependant « à cause de la contumace de l'archevêque et du Chapitre, leur juridiction temporelle fut mise entre les mains du roi (2). »

Les religieux d'Ainay avaient le droit de vendre du vin pendant le mois d'août, dans le *village de Saint-Michel*, sur lequel était situé leur monastère. Ce droit leur fut contesté, en 1303, par les officiers de l'archevêché, mais une sentence rendue par le Juge de la cour séculière, en faveur de Hugues de Bron, cellerier de l'abbaye, maintint ce religieux « comme cellerier dans le droit contesté, nonobstant qu'il y eût en ce même mois ban dans la ville de Lyon (3). »

ayant été cités à Rome par Boniface pour procéder contre Philippe-le-Bel, Barthélemy, évêque d'Autun, qui administrait le diocèse de Lyon, refusa de s'y rendre, sous prétexte que la ville de Lyon n'était pas du royaume de France.

(1) Avant sa promotion au cardinalat, Boniface avait été reçu chanoine de l'Église de Lyon, en 1280. — Sous l'épiscopat de M. de Villars, de 1302 à 1308, il y eut trente réceptions de chanoines dans le Chapitre de a Primatiale.

(2) Menestrier. *Preuves de l'Hist. cons.* p. 113; *Parch.* p. 105. — Paradin, p. 209 de son *Hist. de Lyon*, rapporte que Philippe-le-Bel, irrité de ce que M. de Villars refusait de se déclarer contre Boniface, fit mettre sous sa main toute la juridiction de l'archevêché de Lyon, par lettres-patentes données à Paris l'an 1302.

(3) Hugues de Chissirieu était alors juge et courrier de la Cour séculière

En novembre 1302, le cardinal Lemoine avait été nommé légat en France ; ses instructions secrètes étaient d'engager le roi à faire satisfaction au pape sur un certain nombre d'articles ; le XIe portait en substance que Philippe s'en tiendrait au témoignage du pape, qui protestait que la ville de Lyon et son territoire n'étaient pas dans l'enceinte du royaume et n'appartenaient point au roi, mais à l'Église de Lyon, dont il serait défendu de troubler la juridiction. Toutefois, ce ne fut qu'en juin 1304 qu'il y eut traité entre notre archevêque et le roi (1). Le 22 octobre suivant, des lettres-patentes défendirent à Jean de Courpalais, bailli de Mâcon et sénéchal de Lyon, de s'immiscer dans la juridiction de l'archevêque et du Chapitre (2). C'était là tout ce que désirait M. de Villars, qui n'hésita plus à lever l'interdit qu'avait lancé jadis Henri de Villars contre les citoyens de Lyon. Cette main-levée fut faite en présence d'Humbert de Villars, dauphin de Viennois, de ses frères Jean et Guyot, et d'Humbert V, seigneur de Villars (3).

Le 7 juillet précédent, Benoît XI, qui avait succédé à Boniface, était allé de vie à trépas ; d'accord avec Philippe, le nouveau pape, Clément V, dont le frère, Bernard de Got, avait été archevêque de Lyon, voulut être couronné en cette ville. La cérémonie se fit dans l'église de Saint-Just, le dimanche, 14 novembre 1305, en présence du roi de France et de plusieurs princes de diverses nations (4). En sortant pour se rendre à l'Archevêché, Philippe-le-Bel fit, à la

de Lyon pour M. de Villars. Menestrier, *Parch.*, p. 190.

(1) Voyez Paradin, p. 179 ; le P. Brumoy, *Hist. de l'Église Gall.*, livre 35 ; Clerjon. *Hist. de Lyon*, III, 152.

(2) *Archives du Rhône*, t. 4, p. 390.

(3) Le père de notre prélat, Humbert IV, était mort le 14 mai 1301. Guichenon, *Bugey*, p. 244. Voyez aussi nos *Documents sur Lyon*, année 1304.

(4) Ce fut le cardinal Mathieu des Ursins qui présida au couronnement. *Hist. litt. de la France*, t. 20, 456.

porte de l'église, l'office d'écuyer et mit le pape à cheval ; le comte de Valois et le duc de Bretagne tenaient les rênes ; le roi, à cheval, marchait à côté. Au moment où le cortége défilait à l'étroite descente du Gourguillon (1), une vieille muraille surchargée de peuple s'écroula tout à coup, écrasa, étouffa et blessa quantité dè personnes, le duc de Bretagne entr'autres, qui mourut, le jeudi suivant, des suites de ses blessures (2). Le pape fut renversé, et la précieuse escarboucle qui ornait sa tiare s'en détacha et fut perdue (3). Le 23 du même mois, jour de saint Clément, le souverain pontife officia solennellement dans l'église de Saint-Jean ; après le dîner, ses familiers prirent querelle avec ceux des cardinaux, et Bertrand de Got, un des frères du pape, étant intervenu pour les apaiser, fut tué dans la mêlée.

Le lendemain du couronnement, il y avait eu une promotion de cardinaux parmi lesquels figurent Nicolas de Fréau-

(1) « Ce n'est pas, dit le P. Menestrier, à *gurgite sanguinis* qu'a été formé le nom de *Gourguillon* ; il vient plutôt de *gurgullio* (gosier), parce que c'est un chemin long et étroit par lequel on montait depuis le bas de la ville jusqu'au sommet de la montagne qui était comme la tête de Lyon, et il y avait, à l'endroit où s'établirent en 1655, les religieuses du *Verbe-incarné*, un château ou porte appelé *Castrum buccium*, parce que c'était une gorge (*bucca*). » *Parch.*, p. 32. — « *Gourguillon*, dit M. Bréghot du Lut, est une onomatopée, comme le *gurges* des Latins, et comme notre vieux mot *Gargouille*. (*Dict. des rues de Lyon*, p. 24). » Voyez, sur le dernier mot, le *Dict. étymologiq.* de Ménage ; le nouveau Ducange ; le *Glossaire des Noëls* de Lamonnoye, et le *Dict. des onomatopées* de C. Nodìer.

(2) « Combien a la mort de façons de surprinse ?... Qui eust jamais pensé qu'un *duc de Bretaigne* deust estre estouffé de la presse comme feust celuy-là à l'entrée du pape Clément, mon voysin, à Lyon ?... Montaigne, *Essais*, I, 19.

(3) Villani, VIII, 81 ; Menestrier, *Hist. cons.*, p. 407 ; le P. Brumoy, *Hist. de l'Egl. gall.*, livre 25 ; *Arch. du Rh.*, VII, 326. — Raymond Lulle se trouvait alors à Lyon où il commença à composer son *Ars magna generalis et ultima*, qui fut publiée dans notre ville en 1517.

ville (1), dominicain, confesseur du roi, et un chanoine de
la primatiale, Guillaume de Ruffat, allié du pape et son ré-
férendaire (2). Durant son séjour dans nos parages, Clément
habitait tantôt à Lyon, dans le cloître de Saint-Just, tantôt
dans une maison de campagne appartenant au Chapitre de
Saint-Jean, situé hors du bourg de Saint-Genis-Laval, du côté
d'Oullins (3). Il avait auprès de lui toute sa famille et la com-
tesse de Périgord, Brunissende de Foix, que la malignité
publique lui donnait pour maîtresse. Son médecin était Guy
de Chauliac, qui exerçait alors son art à Lyon (4).

(1) Les Italiens l'appelaient *Farinula* ; il figure sous ce dernier nom et
sous celui de *Fréauville* dans le Moréri d'Amst. de 1740. Il mourut à
Lyon le 14 février 1324.

(2) G. de Ruffat, né à Cassen ou Cassanète, en Gascogne, était official
de l'Eglise de Lyon, lorsqu'il y fut reçu chanoine en 1292. Il mourut à
Avignon, le 28 février 1312, et fit au Chapitre de Lyon un legs de cent
vingt livres viennoises pour son anniversaire. Il est appelé Guillaume
Desforges dans la liste des cardinaux de Moréri de 1759. Voyez Baluze,
Papes d'Avignon, 1, 640 ; Cardella, *Mem. de' Cardinali*, 11, 33 ; La
Chenaye-Desbois, *Dict. de la noblesse*, art. MONTDOR.

(3) Ce n'est pas, comme l'ont dit plusieurs historiens modernes, dans
le *beau château de Marion*, très-proche de l'église de Saint-Genis, que le
pape passa une partie de l'hiver de 1305 à 1306 ; le château qu'il habita
fut ruiné pendant l'invasion des Tards-Venus ; c'est sur son emplacement
que le chapitre de Saint-Jean permit aux Récollets de bâtir un couvent au
commencement du XVIIe siècle, sous la seule condition de célébrer à perpétuité un service à la mort de chaque chanoine de sa primatiale. Converti
aujourd'hui en maison de jouissance, ce couvent est possédé par M. Pras,
ancien magistrat à Lyon. Le *château de Marion* n'existait pas encore du
temps de Clément V ; il appartenait, en 1793, à Etienne Marion de La
Tour, mort victime de la Terreur, le 2 février 1794. Le tribunal du district
de la campagne de Lyon, y siégea pendant la Terreur sous la présidence du
comédien Dumanoir qui, après le 9 thermidor, fut remplacé par M. Pierre-
François Ricussec. V. l'*Album du Lyonnais* de 1844, p. 277 ; la *Bibliogr.* de
M. Gonon, *passim*, et l'art. Bugniet dans la *Biogr. descontemp.* de 1820.

(4) Cet illustre médecin mourut au plus tôt en 1367 ; il avait été cha-

S'il fallait en croire Godefroy de Paris, qui paraît avoir été témoin des événements qu'il rapporte dans sa *Chronique métrique*, les fêtes qui eurent lieu dans notre ville, durant le séjour du pape, devinrent l'occasion des plus graves désordres (1). Clément avait un neveu qui, toutes les nuits, courait les rues « les bonnes filles décevant. » Les bourgeois portèrent plainte à l'archevêque qui, touché du scandale, alla trouver le pontife, et le supplia d'y mettre ordre. Il ne fut point écouté ; alors il assembla son conseil, ordonna aux habitants de prendre les armes, et leur commanda de courir sus aux Gascons qui insulteraient les personnes du sexe. Bientôt il y eut de rudes mêlées où les bourgeois avaient quelquefois l'avantage ; le plus souvent, néanmoins, ils se retiraient par respect pour le Saint-Siège. M. de Villars, prévoyant que cet état de choses pouvait durer longtemps encore, manda ceux de son lignage ; il fut arrêté qu'ils se chargeraient de la garde de la ville, et qu'ils amèneraient morts ou vifs, au château de Pierre-Scise, ceux qui seraient pris en forfait. Instruit de cette résolution, Clément fit mander le prélat et lui fit des reproches de sa conduite. « Sire, répondit Villars, quand j'emploie mes gens pour corriger les malfaiteurs, je ne fais que le devoir d'un pasteur vigilant, d'un juge équitable et d'un noble chevalier, tel que je le suis par mon extraction. J'ai juré de garder la ville, et si ferai-je, par saint Gilles ! Je ne vous dirai pas que votre vie n'est point en sûreté dans ce pays, si vous

noine et prévost de Saint-Just. La division de ses dons et des biens qu'il tenait du Chapitre de cette abbaye se fit le 21 juillet 1368. Voyez la *Bio-bibliogr. vauclusienne*, 1, 173 ; la *Biogr. lyonn.*, p. 69 ; la *Bibliogr. lyonn.* du 15 s., p. 64, 76 et 85 ; nos *Documents sur Lyon*, année 1596.

(1) C'est à l'abbé Velly que j'ai emprunté l'analyse du récit de Godefroy. Le neveu du pape n'y est pas nommé ; c'était problement un frère de Raimond de Got. Belleforest, livre 4, ch. 56 de son *Hist. de Fr.*, fait mention d'un marquis d'Ancone, neveu de Clément V.

m'ôtez l'*annel* et la *prestrerie* ; je vous avertis du moins que votre pouvoir ne s'étend pas jusqu'à m'ôter la chevalerie ; je n'en dis pas davantage, mais que vos Gascons se gardent du surplus, s'ils ont l'audace de méfaire à mes gens, hommes, femmes ou sergents. » Plus choqué qu'effrayé de cette noble remontrance, Clément ne prit aucune mesure pour faire cesser le brigandage ; il en advint un grand malheur. Un jour, les Gascons insultèrent les gens de l'archevêque, qui leur répondirent sur le même ton. On mit l'épée à la main ; le neveu du pape fut tué sur le pont de Saône, et tous ceux de sa suite qui ne purent gagner le cloître de Saint-Just furent mis à mort. Aussitôt Villars dépêcha un courrier au roi qui venait de quitter Lyon, et le supplia de venir pour lui faire justice. Le monarque, à cette nouvelle, retourna sur ses pas, et, comme juge, entendit les deux parties. Le pontife romain demandait vengeance de la mort de son neveu et de l'insulte faite à sa maison. L'archevêque avouait ses gens et tout ce qui s'était passé ; il soutenait qu'ils n'avaient rien fait que par ses ordres et selon tout droit, puisque, maintes fois, il avait averti Sa Sainteté de remédier au désordre. Philippe eût bien voulu favoriser le pape, mais tout déposait contre lui. Il fit retirer Villars, et, resté seul avec Clément, il lui représenta que le prélat n'était point sorti des bornes d'une juste défense, et que malheureusement il ne voyait aucun moyen de lui procurer satisfaction. Clément insista et demanda que, pour sauver son honneur, on lui fît remettre les clefs de Pierre-Scise. C'était sans doute trop exiger d'un homme tel que l'archevêque ; le roi le sentait bien ; néanmoins, il promit d'employer toutes les voies de douceur pour l'amener à cette déférence. Mandé de nouveau, Villars parut bien accompagné, et, sur la proposition qui lui fut faite, il demanda au monarque la permission de prendre conseil de son lignage. La résolution fut prompte ; bientôt il rentra dans la salle où était le roi ; alors monseigneur Jehan de Chalon (1), un de ses proches parents, dit au nom de la famille : « Sire, nous voulons que bon accord soit entre nous et Sa Sainteté ; mais nous ne consentirons jamais que l'archevêque perde rien de son fief ; il a juré de le garder ; il serait parjure s'il l'abandonnait. Loin de permettre qu'il souffre aucune diminution, il espère au contraire l'accroître, ou il en arrivera malheur. Si quelqu'un, tant soit-il haut, clerc ou lai, « le roy osté et « les royaux (2), » entreprend de le troubler dans son héritage, nous saurons l'en faire repentir. » Philippe admira cette noble fierté, laissa le pape se démêler dans cet embarras, et reprit le chemin de sa capitale. Clément, de son côté, se désista de toute poursuite et partit, vers la fin de février (1306), pour aller à Cluni (3). Maître du champ de bataille, Villars ne perdit ni sa forteresse ni son pallium, et, pour nous servir des termes de la Chronique, *Cels soient morts qui sont morts, et qui porra vivre si vive* (vers 3091-92).

M. de Villars possédait à Bechevelin, sur la rive gauche du Rhône, une maison forte (4). Par un acte daté de Pierre-

---

(1) Sans doute Jean de Chalon qui avait épousé en 1290 Marguerite, fille de Louis de Forez, seigneur de Beaujeu, et qui mourut en 1309.

(2) « *Excepté* le roi et les princes du sang. » Velly. — Le mot *ôté* pour excepté était encore usité du temps de Maynard :

> *Elle est charmante, elle est accorte,*
> *Et tout ce que la belle porte*
> *Luy sied bien,* OSTÉ *son mari.*

(3) Clément, dans sa route, s'arrêta à Saint-Cyr près Lyon, où, par une bulle datée du mois de mars, il conclut une trêve entre plusieurs princes ou seigneurs du Beaujolais, de la Bresse et du Dauphiné, qui s'en étaient rapporté à sa décision pour terminer leurs différents, au sujet de l'exécution d'un traité fait, deux années auparavant, entre Amédée V, comte de Savoie, et Jean, fils d'Humbert, dauphin de Viennois. Voyez Guichenon, *Bresse,* 2ᵉ partie, p. 72, et M. l'abbé Chambeyron, *Premier essai sur Belleville,* p, 131.

(4) *Domus fortis Bechevelleyn.* — Cet acte est ainsi daté : « Testes fuerunt

Scise, le 1ᵉʳ mars 1305, (1306, n. s.), il en céda la jouissance avec tous les droits qui en dépendaient à Jean et à
Guy, fils du dauphin Humbert Iᵉʳ, pour un temps limité,
avec pouvoir d'y construire de nouveaux bâtiments et de ré-
parer les anciens. « Ce fut, dit Valbonnais, la loi du contrat
sous laquelle ces princes acceptèrent la garde de cette maison,
et promirent de la défendre dans un temps où le prélat avait
peut-être à craindre les entreprises de quelques seigneurs
voisins. »

Le 25 du même mois de mars, M. de Villars, malgré l'op-
position du Chapitre de sa primatiale, érigea en collégiale
l'église de Saint-Nizier. Le curé de cette paroisse, c'était
alors Pierre de Chalon, prit le titre de sacristain et devint
le chef des chanoines de la nouvelle collégiale (1).

Le 28 mai suivant, notre archevêque ratifia une transaction passée entre les Carmes récemment établis à Lyon (2)
et les moines de l'Ile-Barbe, au sujet des démêlés qu'ils
avaient eus pour la possession de la directe sur une maison

Dominus Andracas de Scalis, obedientiarius Sancti Justi, Dominus Humbertus de Vallibus, legum professor Humbertus de Giugniaco, canonicus
Sancti Pauli Lugdunensis, Dominus Guichardus de Artz, miles. Voyez Valbonnais, *Hist. du Dauphiné*, I, 7 et 21.

(1) La charte relative à cette élection se termine ainsi : « Datum Riorgiis
(*Riorges*), près de Roanne en Forez), ou Riottiers, suivant Guichenon,
Bresse, 3ᵉ partie, p. 324), die Veneris ante ramos palmarum M. ccc. v. »
Gallia Christ., Instr. IV, 35 ; Paradin, *Hist. de Lyon*, p. 174 ; La Mure,
Hist. eccl. de Lyon, p. 181.

(2) En 1303 (Voyez Guichenon, p. 224 de la continuation de la troi-
sième partie de son *Hist. de Bresse et Bugey*). — Deux années auparavant,
vers 1301, les Augustins étaient venus s'établir sur la rive gauche de la
Saône. — En 1304, M. de Villars autorisa Blanche de Chalon, dame de
Belleville, femme de Guichard de Beaujeu, à fonder pour des religieuses
de Sainte-Claire l'abbaye de Notre-Dame de la Déserte. Voilà donc trois
monastères établis à Lyon, entre le Rhône et la Saône, sous son épiscopat.

occupée par les nouveaux religieux. Ceux-ci avaient été chassés une première fois par les moines de l'Ile-Barbe, qui le furent à leur tour par les Carmes, à l'aide de Jean d'Ayola, prévôt du juge de la cour séculière de Lyon (1).

Cette même année 1306, le jour de sainte Madeleine, 22 juillet, les Juifs furent chassés de France et leurs biens confisqués. Ceux qui habitaient Lyon allèrent chercher un asile en Bourgogne, mais on ne tarda guère à les regretter, car les banquiers qui les remplacèrent étaient cent fois plus usuriers que les enfants d'Israël (2).

L'année suivante, Guichard, sire de Beaujeu, fit hommage à notre prélat pour les terres de Meximieux et de Chalamont (3).

Par un acte daté de Lyon (4) du mois d'août de la même année, M. de Villars établit *gardier* de cette ville (5) Guy, baron de Montauban, et joignit à cet office une pension de mille livres (6).

(1) Je suis redevable de ce document et de beaucoup d'autres à M. Gauthier, archiviste de la préfecture du Rhône ; qu'il me soit permis de lui en témoigner ici toute ma reconnaissance.

(2) Godefroy de Paris, vers 1501 et suivants.

(3) « Nos Guichardus Dominus Bellijoci confitemur esse vassalem D. Archiepiscopi Lugdun. et Ecclesiæ propter villas de Maximiaco, de Chalamonte et eorum territoriis, præsentibus Humberto et Guilelmo de Bellijoco, etc. » Severt, p. 316 ; Guichenon, *Bresse et Bugey*, 2ᵉ partie, p. 72.

(4) « Apud Sanctum Vincentium, in domo quam inhabitabat carissimus frater Humbertus, Dominus de Villariis, præsentibus testibus D. Andraea de Scalis, obedientiario Sancti Justi, D. Guillelmo de Mayso, priore Sancti Irenaci, D. Alberto de Guiziaco, monacho, infirmario athanatensi, D. Petro de Calcibus, D. Anselmo de Estevo, archipresbitero Morestelli. »

(5) *Garderium* nostrum in villa et civitate Lugdunensi. »

(6) Pierre, de Savoye, qui succéda à Louis de Villars, refusa à Guy le paiement de cette pension ; celui-ci porta ses plaintes au roi Louis-le-Hutin qui ordonna au sénéchal de Lyon de contraindre l'archevêque par la saisie de son temporel, de satisfaire le baron de Montauban sur tous les articles de ses demandes. Valbonnais, I, 266 . II, 137.

M. de Villars s'était réconcilié avec Clément, et, grâce à l'intervention de ce pape, tout avait été disposé dans le Conseil royal pour hâter la conclusion d'un traité projeté entre la cour de France et le prélat. Par ce traité signé à Pontoise, en septembre 1307 (1), Philippe accorde, mais en souverain, à l'Église de Lyon qu'il appelle « le premier siége du royaume de France, » le privilége de posséder à perpétuité à titre de comté, non seulement ce qu'elle a acquis du comté de Lyon, mais la cité même, les châteaux, villes, fiefs, terres, possessions et droits quelconques qui sont de sa juridiction ; il lui accorde les régales de l'évêché d'Autun et de l'abbaye de Savigny ; il lui remet tout ce qui aurait été acquis sans le consentemeut et l'autorité des rois ses prédécesseurs ; enfin, il donne à l'archevêque et au Chapitre l'amnistie pour les fautes passées, et défend à ses officiers de contrevenir à ce règlement. Ce premier acte est appelé *Philippine*, ainsi qu'un second également signé à Pontoise, dans le même mois. Ce deuxième acte contient un traité d'accord entre Pierre de Belleperche, évêque d'Auxerre et garde des sceaux, agissant pour le roi, et Thibaud de Vassalieu, mandataire de l'archevêque et du Chapitre dont il était l'archidiacre (2).

(1) C'est au P. Brumoy que j'ai emprunté l'analyse de ce traité, dont le P. Menestrier a donné, dans son *Histoire consulaire*, une traduction plus exacte que celle qui se trouve dans un *Factum* du procureur général de la sénéchaussée de Lyon contre le Chapitre de Saint-Jean (Paris, 1648, in-4). — A propos du traité de Pontoise, M. Clerjon dit que Louis de Villars était un *prélat sans génie* ; le jeune historien ne se serait pas permis cette assertion s'il eût mieux connu la position difficile dans laquelle se trouvait alors notre archevêque.

(2) Quelqu'habile qu'il fût dans les affaires, Thibaud de Vassalieu s'était laissé surprendre par le chancelier beaucoup plus habile que lui, en consentant, dit le P. Menestrier, un traité si préjudiciable à l'Église de Lyon (*Hist. cons.*, p. 424). — Avant d'être archidiacre, Thibaud de Vassalieu avait été chantre ; il fut inhumé dans l'église de Sainte-Croix-en-Jarrest,

Tout roule sur des détails, et le roi y est expressément reconnu pour souverain. La publication du traité fut pourtant suspendue par les instances des habitants qui n'y avaient point eu part, et qui soutenaient que la justice de Lyon avait toujours appartenu au roi, par appel et droit de ressort, et, en première instance, à l'archevêque seul et non au Chapitre, qui paraissait trop avantagé dans ce concordat. Mais, en lui faisant une large part dans l'administration de la justice, Philippe considéra sans doute que le Chapitre étant composé de personnages appartenant aux familles les plus nobles et les plus éminentes du royaume, il devait les ménager et s'en faire un appui au moment où il méditait la ruine d'un ordre religieux et militaire, qui faisait ombrage à son autorité.

Le traité de Pontoise était à peine connu lorsque les envoyés du monarque vinrent se saisir de tous les frères du Temple qui résidaient à Lyon, et mettre sous la main du roi la belle et vaste commanderie qu'ils y possédaient (1). Le

où il mourut le 5 juillet 1327. Il avait été choisi, en 1304, pour arbitre avec Guichard d'Ars, à l'effet de terminer les différends qui existaient entre l'Église de Lyon et Humbert V, sire de Thoire et de Villars, au sujet de la Seigneurie de Trévoux. Il fut convenu, par un traité daté du jour de Saint Laurent (10 août) qu'Humbert tiendrait en fief de l'archevêque et du Chapitre les château, bourg et mandement de Trévoux, ce qui eut lieu le même jour de la part d'Humbert, lequel en fit en même temps l'hommage en présence de Guillaume, prieur de Saint-Irénée, d'Albert de Guizieu, infirmier d'Ainay, de Guillaume d'Albon, chevalier, et de plusieurs autres gentilshommes. Humbert n'en excepta que le péage de Trévoux, et il fut convenu que les parties se prêteraient secours et assistance en tout et partout. S.

(1) Il ne reste plus de cette Commanderie que les caves sur lesquelles on a construit le bâtiment de la Compagnie de l'éclairage au gaz. Voyez notre Notice sur les Célestins de Lyon. — Les Templiers possédaient à Saint-George-de-Reneins, en Beaujolais, une maison et un château appelé *Laya*, en 1363, le Chapitre de Saint-Jean fit raser ce château, de peur que

grand oncle de notre prélat, Henry de Villars, avait été membre de cet ordre, et il est à présumer que le chevalier Aimeri (?, de Villars, un des Templiers détenus à Paris, était son parent (1). Un écrivain consciencieux (2) qui, par ses investigations, a jeté un nouveau jour sur leur histoire, rapporte que deux mille Templiers qui étaient venus chercher un refuge dans les campagnes du Lyonnais, y furent arrêtés et conduits à Paris.

Villars survécut peu de temps à ce coup d'état. Prévoyant sa fin prochaine, il se retira dans l'abbaye de Saint-Claude, où il mourut le 4 juillet 1308. Il avait eu pour suffragants aux fonctions épiscopales, Hugues, évêque de Tabarie ou de Tibériade, et pour vicaire général André Baudoin (3).

Le récit qu'on va lire d'un événement arrivé dans le diocèse de Lyon, sous l'épiscopat de notre archevêque, est extrait de l'*Analyse historique des archives communales du Bugey*,

les Anglais, qui occupaient alors une partie du Lyonnais, ne vinssent à s'en emparer (*Alm. de Lyon* pour 1760 ; l'abbé Jacques, *Église primatiale*, p. 107).—Il y avait aussi à Villars une chapelle appartenant aux Templiers, laquelle fut ruinée lors de la prise cette ville, en 1600 (*Recherches hist. sur le département de l'Ain*, par M. de la Teyssonnière, t. IV, p. XXXI). —Suivant M. de Bombourg, les Templiers avaient plusieurs commanderies en Bresse, mais aucune dans le Bugey où ils possédaient néanmoins des rentes qui provenaient sans doute de l'héritage de quelques fils cadets des seigneurs de Balmes qui s'étaient fait chevaliers de Saint-Jean-de-Jérusalem *Analyse hist. des archives communales du Bugey*, tome I, art CHEVILLARD, p. 9.

(1) *Procès des Templiers*, I, 254 ; Dupuy, 3e *Apologie*, p. 42 ; H. Martin, *Hist. de France*, V. 194.

(2) M. Rapety, *Moniteur* du 17 janv. 1854. Voyez aussi la lettre de Clément V à Philippe-le-Bel, du 11 nov. 1511, et la Dissertation de M. de Terrebasse publié sous ce titre dans la *Revue du Lyonnais* (tome 15 de la nouvelle série, p. 151) : *Inscription relative au concile œcuménique de Vienne et à la condamnation des Templiers.*

(3) Voyez le *Recueil de documents* pour servir à l'hist. de l'ancien gouvernement de Lyon, par MM. Morel de Voleine et H. Charpin, p. 71.

par **M. G. de Bombourg**, tome 1, article SAINT-MARTIN DU FRÊNE :

« En 1303, le prieur de Saint-Pierre de Nantua (1) était Guigue de Ranis, qui avait un frère de l'ordre de saint Dominique, lequel était inquisiteur de l'ordinaire de Lyon. Ce frère étant venu le visiter découvrit, à Saint-Martin, quelques hérétiques qu'il voulut faire saisir et conduire au château fort de Nantua. Les habitants, peu satisfaits de cette mesure vexatoire, et n'approuvant pas la prétention de l'inquisiteur, prirent le parti des inculpés qui, du reste, étaient leurs parents ou leurs amis, et les firent évader. A cette nouvelle, grand émoi au prieuré; Guigue condamne les habitants à une amende de 1,000 livres, et confisque leurs biens jusqu'à son entier paiement. De son côté, l'inquisiteur s'armant des foudres de l'Eglise, excomunie la population... Les habitants irrités s'insurgent et s'excitent à la résistance. Ils attendaient le prieur qui, pour réduire le village, s'était mis en marche avec ses gens, à défaut des châtelains du sire de Thoire, qui gardaient la neutralité, et poussaient même sourdement à la révolte. Le prieur, en effet, s'avança sur Saint-Martin, mais il s'arrêta à quelque distance du château nord-est ; car les habitants tumultueusement réunis en cet endroit, faisaient mine de résister et de s'opposer à l'entrée de Guigue et de sa suite. Bientôt le bruit discordant de quatre cornes à bouquin imitant la trompette fit rentrer les habitants qui se mirent à l'abri de leurs murailles et fermèrent les portes de leur village. Guigue, nullement disposé à faire le siége de Saint-Martin, retourna à Nantua, espérant que le calme amènerait la population à se soumettre; il comptait aussi sur les effets de l'excommunication. Plus de service divin, plus de prêtre pour donner un nom chrétien aux nouveaux-

---

(1) Le monastère de Saint-Pierre de Nantua existait déjà au VIIIe siècle ; son fondateur est inconnu. *Gallia Christ.* IV, 215

nés, plus de confesseur pour assister le moribond dans ses derniers moments ; plus rien de ce bruit des cloches qui réjouit et nous annonce que l'on prie pour nous. Comme l'avait espéré le prieur, le désir de rentrer en grâce avec l'Église se fit sentir... Les habitants se réunirent donc et envoyèrent à Nantua quatre des leurs auprès du prieur. Guigue les reçut, et comme l'offense avait été grave, il voulut que le pardon fût solennel.

En décembre (1303) le château de Nantua réunissait dans son sein Bertrand, abbé de Cluny, le prieur de Gigny, Jean de Fontaine et Philippe des Archers, de Lyon, religieux de Cluny, Aymon, juge de Nantua, et plusieurs autres personnages de distinction, tous convoqués pour assister à la transaction à faire. Les députés de Saint-Martin déclarèrent humblement s'en rapporter à la décision de l'abbé de Cluny... On prit alors le parti de la douceur : l'amende fut levée, ainsi que l'excommunication. Il fut convenu que dorénavant le village de Saint-Martin ne donnerait plus asile aux hérétiques, et que ceux des habitants qui étaient en fuite pourraient rentrer dans leur famille à la seule condition qu'ils s'amenderaient et feraient pénitence. Puis Guigue termina l'arrangement par l'addition de quelques priviléges en faveur de son prieuré ; ce qui fut accepté par les députés. »

Péricaud l'aîné.

Décembre 1857.

Lyon.—Imp. d'Aimé Vingtrinier.

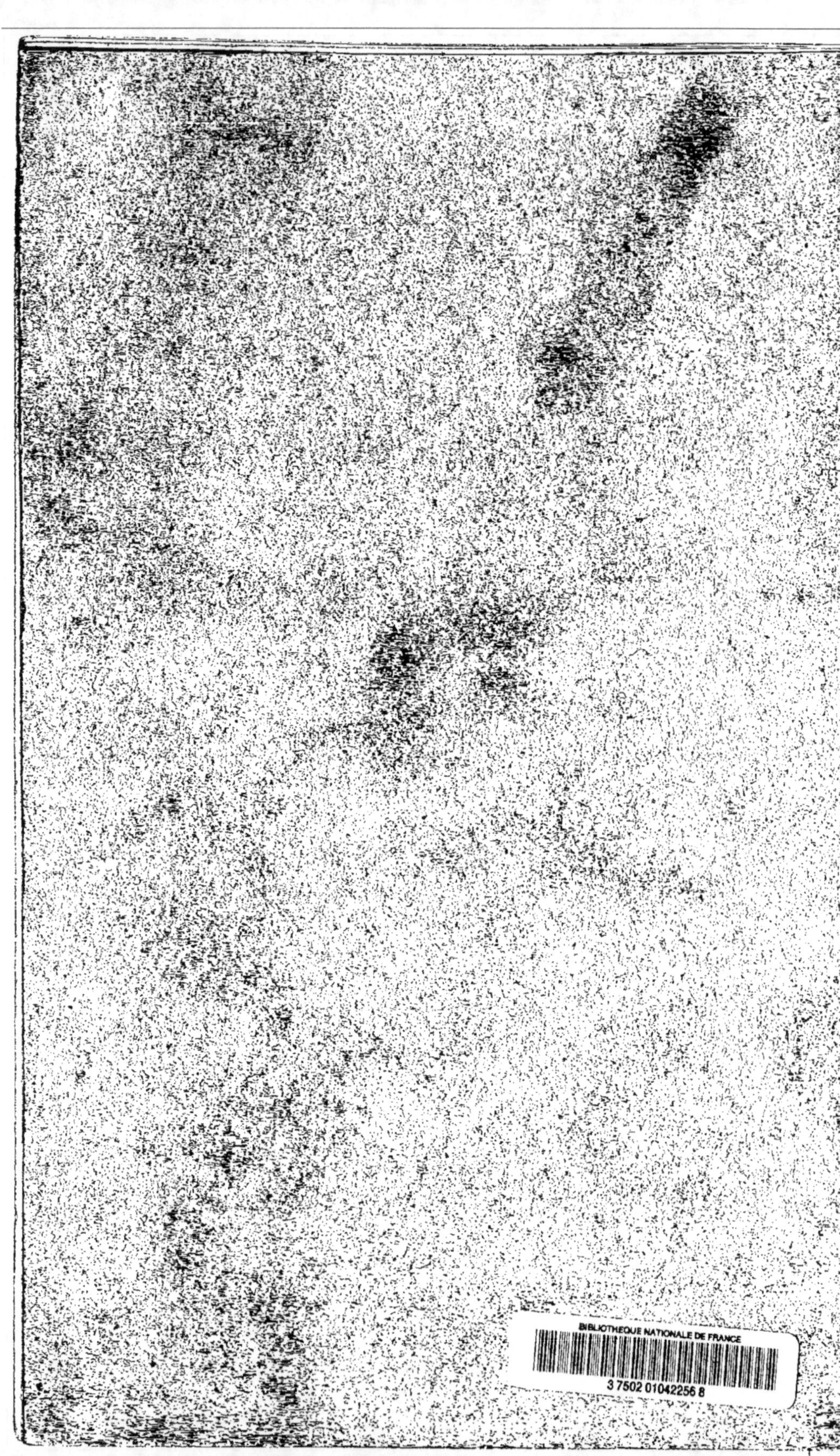